Ucrania:

El Tira y Afloja entre Rusia y Occidente

Janvier T. Chando

TISI BOOKS

NUEVA YORK, RALEIGH, LONDRES, ÁMSTERDAM

PUBLICADO POR TISI BOOKS
www.tisibooks.com

Ucrania: El Tira y Afloja entre Rusia y Occidente
© 2022 por Janvier Chando

ISBN-13: 979-8-42-096338-8

ISBN-10: 8-42-096338-0

PUBLICADO POR TISI BOOKS
www.tisibooks.com

NUEVA YORK, RALEIGH, LONDRES, AMSTERDAM

Impreso en los Estados Unidos de América

EPÍGRAFE

"El tiempo de los revolucionarios con la completa libertad de maniobra ha terminado".
                —*CHRISTOPHER NKWAYEP-CHANDO*

RECONOCIMIENTO

Mi más profundo, cálido y eterno agradecimiento a mi madre
Theresia Njomo Tchouteu-Chando

DEDICACIÓN

Dedicado a la memoria amorosa de mi madre Elizabeth Matsiliso Chitja-Tchwenko y la tía Anna Mapajane Chitja

Ucrania:

El Tira y Afloja entre Rusia y Occidente

Janvier T. Chando

CONTENTS

MAPAS

Mapa de los Óblasts (Regiones o Provincias) de Ucrania

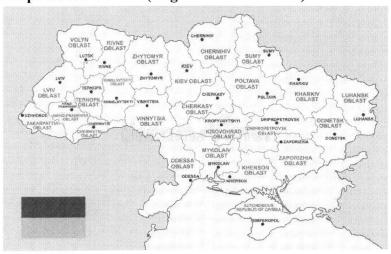

La orientación geopolítica de Ucrania

Regiones históricas de Ucrania

Tribus eslavas orientales medievales d.C. 800 d.C.

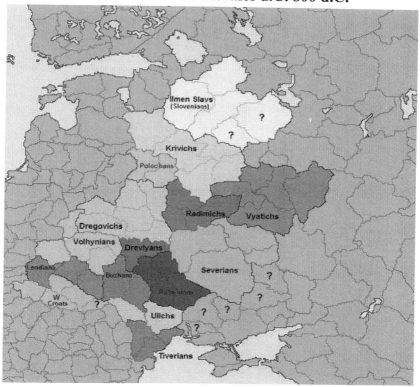

Rus de Kiev (1054-1132 dC) y sus principados constituyentes

Bielorrusia (Rus Blanca), Rusia, Ucrania

El Reino de Galicia-Volinia (Ucrania Occidental) de 1253-1349 surgió de la desaparición de la Rus de Kiev después de la invasión mongola de 1239-41 y la ocupación de la tierra (La Horda de Oro) de donde también surgió Moscovia (Imperio ruso)

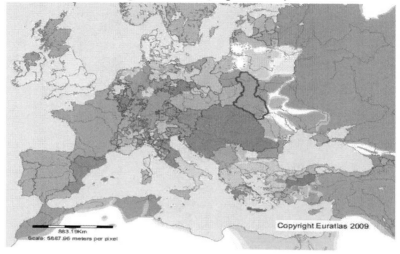

La Mancomunidad Polaco-Lituana 1569-1795.

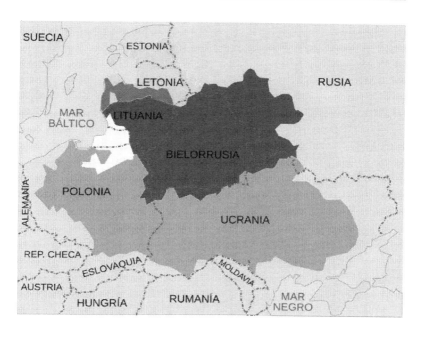

El Hetmanato de corta duración o Hueste cosaca de
1649-1764 (Independiente de Polonia desde 1648-57
durante el levantamiento dirigido por el hetman cosaco
de Zaporozhia Bohdan Khmelnytsky, hasta que juró
lealtad al Zarato de Rusia). Considerado por muchos
historiadores como el primer estado ucraniano.

El efímero Estado ucraniano de abril-diciembre de 1918
formado por el antibolchevique Pavlo Skoropadskyi
durante la guerra civil en el antiguo Imperio ruso

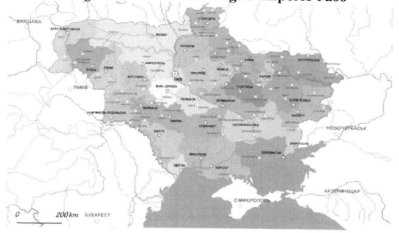

Territorios anexados a Ucrania por Diferentes Zares
Rusos y Líderes Soviéticos

Mapa político de Ucrania hasta febrero de 2014

Porcentaje de rusos étnicos en Ucrania en 2001 por óblast

Porcentaje de personas que desean que el ruso se convierta en un segundo idioma estatal

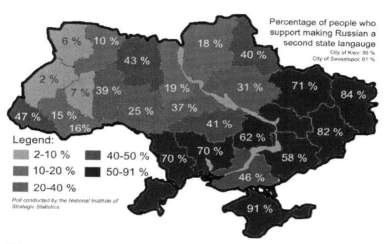

Idiomas hablados en Ucrania

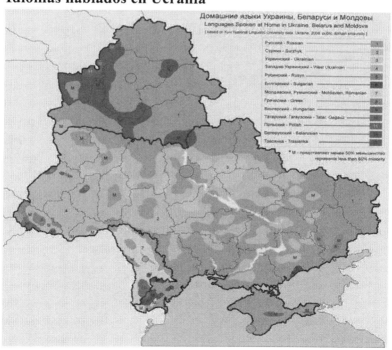

El idioma que se habla en casa en Ucrania

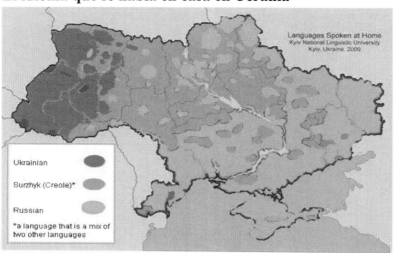

Divisiones administrativas ucranianas por salario mensual

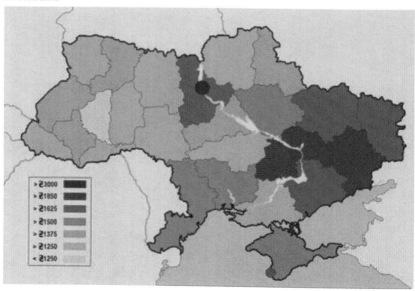

Las elecciones presidenciales de 2010: Timochenko (azul), Yanukovich (rojo)

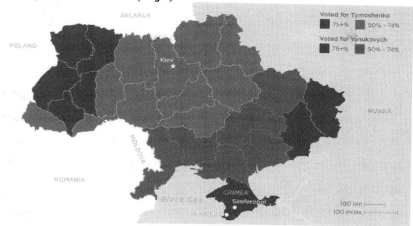

El agotamiento de la población masculina por la Primera Guerra Mundial, la Guerra Civil, la Colectivización y el Hambre, y la Segunda Guerra Mundial en cada Óblast

The role of Soviet mobilization: Sex ratios in regions of Ukraine (men per 1,000 women, 1889-1928 birth years, 1959 census)
(similar picture in Belarus)

Citas

"Para celebrar la asociación ruso-ucraniana, en 1954 se celebró el 300 aniversario del Tratado de Pereiaslav en toda la Unión Soviética de una manera inusualmente grandiosa. Además de numerosas festividades, innumerables publicaciones e innumerables discursos, el Comité Central del partido de toda la unión incluso emitió trece "tesis", que argumentaban la irreversibilidad de la "unión eterna" de ucranianos y rusos: "La experiencia de la historia ha demostrado que la unión fraterna y la alianza elegida por rusos y ucranianos era el único camino verdadero. La unión de estos dos grandes pueblos eslavos multiplicó su fuerza en la lucha común contra todos los enemigos externos, contra los propietarios de siervos y la burguesía, contra el zarismo y la esclavitud capitalista. La inquebrantable amistad de los pueblos ruso y ucraniano ha crecido y se ha fortalecido en esta lucha". Para enfatizar el punto de que la unión con Moscú trajo grandes beneficios a los ucranianos, el aniversario de Pereiaslav fue coronado por la cesión de Crimea a Ucrania por el Republic ruso "como muestra de amistad del pueblo ruso".

Pero el "regalo" de Crimea era mucho menos altruista de lo que parecía. Primero, porque la península era la patria histórica de los tártaros de Crimea a quienes Stalin había expulsado durante la Segunda Guerra Mundial; los rusos no tenían el derecho moral de regalarlo ni los ucranianos tenían derecho a aceptarlo. En segundo lugar, debido a su proximidad y dependencia económica de Ucrania, los vínculos de Crimea con Ucrania eran naturalmente mayores que con Rusia. Finalmente, la anexión de Crimea cargó a Ucrania con problemas económicos y políticos. La deportación de los tártaros en 1944 había creado un caos económico en la región y fue el presupuesto de Kiev el que tuvo que compensar las pérdidas. Más importante fue el hecho de que, según el censo de 1959, alrededor de 860.000 rusos y sólo 260.000 ucranianos vivían en Crimea. Aunque Kiev intentó traer más ucranianos a la región después de 1954, los rusos, muchos de los cuales fueron especialmente inflexibles en rechazar cualquier forma de ucranianización, siguieron siendo la abrumadora mayoría. Como resultado, el "regalo" de Crimea aumentó considerablemente el número de rusos en el Republic ucraniano. En este sentido, ciertamente fue una forma apropiada de marcar el Tratado de Pereiaslav".

Orest Subtelny, *"Ucrania: Una Historia"*

"Hay cientos de miles de escoceses que reconocen partes inglesas, irlandesas o galesas de su propio ser. Vidas y destinos están igualmente entrelazados en Cataluña y España, en Ucrania y Rusia. "

Miguel Ignatieff

"Putin no pudo sobrevivir más devolviendo Crimea a Ucrania de lo que Bibi Netanyahu podría sobrevivir devolviendo Jerusalén Este a Jordania. "

Pat Buchanan

Trece años después del fin de la Unión Soviética, el establishment de la prensa estadounidense parecía ansioso por convertir las elecciones presidenciales protestadas de Ucrania el 21 de noviembre (2004) en una nueva guerra fría con Rusia. "

Esteban Cohen

"La actitud de Occidente y de Rusia hacia una crisis como Ucrania es diametralmente diferente. Occidente está tratando de establecer la legalidad de cualquier frontera establecida. Para Rusia, Ucrania es parte del patrimonio ruso. "

Enrique Kissinger

"Si cree que un golpe para derrocar al gobierno electo es un golpe en todas partes, debe recordar cómo se llevaron a cabo las elecciones en Ucrania en 2004, cómo se llevaron a cabo las elecciones en Georgia en 2003, cuando los resultados de las elecciones se trituraron y desechados por la acción revolucionaria. "

Serguéi Lavrov

Capítulo Uno

Arriesgado Innecesario Sobre Ucrania Por Parte De Los EE. UU, La UE, y Rusia

La política arriesgada tanto de los países occidentales (la Organización del Tratado del Atlántico Norte---OTAN, y la Unión Europea- UE)- como de Rusia es innecesaria. Deben dejar de lado sus egos y trabajar con los dos lados de la división política ucraniana y lograr un acuerdo de trabajo para el país que respete la historia, la cultura, los valores y las identidades de los diferentes pueblos en Ucrania.

La gente ha sugerido una federación ucraniana de tres áreas o unidades formadas por sus provincias actuales (una Ucrania central bilingüe centrada alrededor de Kiev donde el ruso y el ucraniano son igualmente reconocidos, una unidad federal del este / sur de Ucrania donde se acepta la prevalencia del ruso, y una unidad federal de Ucrania occidental donde prevalece el ucraniano). Otros han sugerido una mayor autonomía inspirada en los Estados Unidos de América. Incluso el modelo de la Federación Alemana es popular en algunos círculos. También se puede extraer mucho de los modelos políticos de Suiza, Bélgica, Canadá, Bosnia y Herzegovina, y los Emiratos Árabes Unidos.

A partir de las sugerencias anteriores, el lector puede dar el paseo conmigo para encontrar un camino para Ucrania que lo vea emerger como un país moderno, democrático, liberal, progresista y abanderado que se sienta cómodo con sus diferentes facetas como nación fronteriza en el corazón de Europa. Ucrania se vio perjudicada por la turbulenta historia de Europa, pero el país debería estar preparado, si no dispuesto a aprovechar su enorme potencial para convertirse en un símbolo para otros países del continente y del mundo.

Mapa de los Óblasts (Regiones o Provincias) de Ucrania

La orientación geopolítica de Ucrania

Ambivalent Ukraine = Ucrania ambivalente

Core Ukraine = Núcleo de Ucrania

Crimea

For West = Para el Oeste

Nationalist Ukraine = Ucrania Nacionalista

Russian-Oriented Ukraine = Ucrania de Orientación Rusa

Transcaparthia

Regiones históricas de Ucrania

Capítulo Dos

El conflicto de Ucrania: donde muchos ignoran la historia, la cronología y la causalidad

Es difícil participar en debates significativos sobre el conflicto en Ucrania, ya que las emociones y las agendas parecen ser la regla, frustrando los intentos de razonamiento. La gente tiende a argumentar para ganar, una forma de debate que está muy lejos de la dialéctica, la forma de intercambio buscada por los librepensadores sin ataduras por agendas secretas, sentimentalismo o la comodidad de la ignorancia. En un curioso intercambio con alguien afectado por el "síndrome del rechazo", me encontré diciéndole que "careces de un sentido de la historia, sin conciencia de la cronología, la causalidad, etc. Y, sobre todo, la rendición de cuentas". Lamentable, pero al parecer, el punto se hundió.

En una situación en la que cualquiera que no se ponga ciegamente del lado de las nuevas autoridades de Kiev es tildado de troll ruso, comunista o antioccidental por aquellos que apoyan la deposición de Yanukovich como presidente de Ucrania por las nuevas autoridades en Kiev; en un caso en el que ser pro-Kiev conlleva el riesgo de que te etiqueten de fascista, imperialista, racista, pro-occidental, intolerante o impulsado por intereses; ser un librepensador, especialmente alguien que defiende un consenso, parece no estar de moda en absoluto.

Para empezar, no soy partidario de Yanukovich. Era un ladrón. Como los de antes y después de él, pero al menos, ganó las elecciones más libres de la historia de Ucrania. Las más de la mitad de Ucrania que lo votaron para llegar al poder no participaron en derrocarlo, y aparentemente, eran la mitad trabajadora de Ucrania (Busque un mapa del PIB y el PIB per cápita) de Ucrania para entender de qué estoy hablando.

En el Maidan / ¿Qué lo causó?

Posición occidental: Yanukovich se negó a firmar un acuerdo de asociación con la UE (con el anexo solicitando la liberación de su rival en las elecciones presidenciales de 2010 Yulia Timochenko , que había sido condenada a siete años de prisión por un tribunal ucraniano el 11 de octubre de 2011 después de ser declarada culpable de abusar de su posición mientras negociaba el acuerdo de gas de 2009 con Rusia al exceder criminalmente sus poderes como primera ministra en ese momento, en el gobierno del anterior presidente ucraniano Viktor Yuschenko).

La posición de Yanukovich: El acuerdo fue suicida. Aceptarlo habría significado aceptar la desindustrialización de la mitad de Ucrania que constituía su base de apoyo; la UE proporcionó poco apoyo financiero o incentivos y pidió reformas que habrían arrastrado a Ucrania hacia abajo. En pocas palabras, más dolores que beneficios a corto plazo, una píldora para perder elecciones. Y Ucrania estaba en una situación desesperada económica y financieramente. Rusia contrarrestó la desalentadora oferta de la UE ofreciendo alivio a Ucrania en forma de préstamos, que aceptó. (Con respecto al llamado de la UE para la liberación de Yulia Timochenko, Yanukovich sostuvo que los casos en su contra eran medidas no partidistas destinadas a combatir la corrupción en Ucrania).

Reacción: Este acercamiento de Rusia que no se había anticipado hace poco tiempo no agradó a los oponentes de Yanukovich, una mayoría desproporcionada de los cuales son de la región de Galicia, también llamada Halychyna (las provincias de Lviv, Ternopil e Ivano-Frankivsk), donde los nacionalistas xenófobos constituyeron la vanguardia (Sector Derecho, Svoboda, etc.), seguidos por una proporción sustancial de otras partes de Occidente Ucrania y Central Ucrania, así como aspersiones del este / sur de Ucrania. Estos grupos antirrusos protestaron en el Plaza Maidán en Kiev, apoyados por la presencia física de miembros del gobierno de los Estados Unidos (Victoria-Nuland del ejecutivo, McCain de la Legislatura, etc.), miembros de la UE como Catherine Ashton de asuntos exteriores de la UE, así como otras figuras europeas extranjeras. En julio de 2014, "The Daily Mail" del Reino Unido comentó sobre la situación ucraniana: *"Tampoco mires a la UE, donde la ex funcionaria del consejo local Lady Ashton, ridículamente a cargo de los asuntos exteriores, ha golpeado al oso ruso con un palo insignificante al intentar atraer a Ucrania al redil de Bruselas. [82]"*. Además, el hecho de que líderes europeos como Angelina Merkel de Alemania recibieron a los líderes prominentes de las fuerzas anti-Yanukovich (Oleh Tyahnybok, Vitali Klitschko, quien es hoy el alcalde de Ucrania y Arseniy Yatsenyuk, quien reinó como Primer Ministro de Ucrania del 27 de febrero de 2014 al 14 de abril de 2016) y expresaron su preferencia entre los tres líderes de Maidan, una preferencia que contradecía la de Victoria Nuland de los EE.UU., indicaba que los grandes diseños estaban en marcha, incluso las potencias occidentales no estaban completamente sincronizadas entre sí sobre hasta dónde llegar para arrancar a Ucrania lejos de Rusia.

Si buscamos en Google el programa de la BBC (*Snipers at Maidan: The untold story of a massacre in Ukraine – Newsnight*) sobre los francotiradores de Maidan que iniciaron el tiroteo (contra la policía) en la plaza que había sido transformada en el campamento de protesta o campamento de resistencia por la oposición, desempeñando así el papel de agentes-provocadores porque sus disparos indujeron a la policía a devolver el fuego (una respuesta que aún desapruebo), se hace evidente que los asesinatos en la Plaza Maidan de Kiev fueron orquestados, para profanar aún más a Yanukovich.

Basado en las palabras de Yanukovich en ese momento y en una entrevista reciente de la BBC durante la cual declaró que no dio la orden para el tiroteo, o lo llamó, disparo de regreso de la policía, la mente curiosa encuentra más preguntas que respuestas sobre la narrativa dominante presentada por los medios corporativos. Mucha gente ha estado reflexionando.

La gente murió (manifestantes y policías), y se buscó un consenso, negociado por las potencias occidentales. Este Acuerdo de Ucrania firmado por el presidente Viktor Yanukovich y los líderes de la oposición destinado a poner fin a meses de crisis política exigía:

- Elecciones anticipadas,
- un Gobierno de la Unión,
- y pidió la retirada de las fuerzas (gobierno y manifestantes).

Yanukovich cumplió su parte del trato sacando a sus fuerzas de seguridad de las calles. Sin embargo, los ultranacionalistas que formaron la vanguardia del movimiento de protesta, marginaron a los tres líderes del movimiento de protesta, aprovecharon la retirada de las

tropas de Yanukovich de Kiev y luego se movieron sobre él.
Yanukovich huyó a Járkov (Járkov) y al día siguiente, sus
oponentes en el parlamento unicameral de Ucrania llamado
Verjovna Rada o simplemente Rada, presidieron una sesión
en la que sus partidarios fueron expulsados / golpeados /
amenazados / engatusados, etc. El resultado de las
votaciones que salieron de ella fue uno que produjo una
mitad inferior a la aceptada de los votos parlamentarios,
derrocando a Yanukovich como presidente de Ucrania,
llamándolo fugitivo y pidiendo su arresto.

La pregunta que los partidarios de Yanukovich han estado
haciendo es:

> *¿Qué creemos que habría sucedido si los
> ultranacionalistas hubieran tenido en sus manos
> al asediado presidente ucraniano Viktor
> Yanukovich?*

"Un escenario de Gadafi, por supuesto ..." Los aliados
rusos de Yanukovich y millones de personas que
consideran que la Revolución de Maidan es un golpe
de Estado contra el democráticamente elegido
Yanukovich sostienen ese punto de vista, que se
expresa en varias formas en palabras que acusan a las
potencias occidentales (OTAN y la Unión Europea) de
planear el derrocamiento de Yanukovich como
presidente de Ucrania por las Fuerzas de Maidan
respaldadas por Occidente. Kaddafi, el hombre fuerte
libio, fue asesinado por las fuerzas respaldadas por
Occidente que luchaban contra su régimen en la

rebelión que se transformó en la Guerra Civil Libia de 2011.

La mayoría de las mentes racionales esperaban que aquellos que negociaron el acuerdo entre Yanukovich y sus oponentes se opusieran a la toma inconstitucional del poder por los oponentes de Yanukovich; la mayoría de las mentes racionales esperaban que los intermediarios occidentales insistieran en la implementación del acuerdo. Pero como eso no sucedió, ya que los corredores proclamaron alegremente que todo estaba vacío después de que aquellos a quienes apoyaban, se hicieran cargo por la fuerza del gobierno, la mayoría de las mentes racionales concluyeron que Yanukovich fue engañado para un compromiso o consenso que lo dejó expuesto a los caprichos de sus oponentes o enemigos, haciendo posible así la toma del poder por parte de sus oponentes.

Como dijo Yanukovich en su entrevista, Putin ayudó a salvar su vida al ordenar a las fuerzas rusas que lo sacaran de Ucrania a un lugar seguro en Rusia. Y como dijo el nuevo presidente ucraniano Poroshenko la semana pasada en su solicitud a los jueces del país "la destitución de Yanukovich fue inconstitucional". Es obvio que está haciendo preparativos para defenderse de otro temido movimiento de Maidan para derrocarlo también, que se espera que sea dirigido nuevamente por los ultranacionalistas, algunos de los cuales han estado expresando su intención de tomar el poder, por sí mismos (que los ultranacionalistas ya llamaron "Otra revolución de Maidan").

- *¿Apruebo la reacción de Rusia a la deposición de Viktor Yanukovich, alguien en quien el Kremlin no confiaba plenamente?*
- No. Del mismo modo que no apruebo la interferencia occidental en los asuntos ucranianos antes y después de Yanukovich, movimientos que socavaron la soberanía de Ucrania en el proceso.

- *¿Temía el pueblo de Crimea los acontecimientos en Kiev y quería reunirse con Rusia?*
- Sí, la mayoría de la gente de Crimea desaprobó la deposición de Yanukovich, una persona por la que votó la clara mayoría de los Crimeos.

- *¿Rusia explotó la situación?*
- Sí, lo hizo.

- *¿El pueblo de Donbás (Donetsk y Lugansk) también se opuso a la deposición inconstitucional de Yanukovich?*
- Sí, lo hicieron y fueron los más vocales al respecto; después de todo, él es su hijo y votaron abrumadoramente por él en las últimas elecciones presidenciales que ganó, consideradas por el mundo como las más libres en la historia de Ucrania.

- *¿Fueron las personas de estas provincias anti-Maidan en Ucrania apoyadas por ciudadanos rusos (en su mayoría cosacos del Don que se extienden a* *lo largo de las fronteras con Rusia)?*

- Sí, los reaccionarios a la deposición de Yanukovich tuvieron el apoyo de ciudadanos rusos, algunos de los cuales son / eran de origen ucraniano, al igual que los ciudadanos extranjeros apoyaron a los manifestantes de Maidan.

- *¿Actuó sabiamente el gobierno de Poroshenko, respaldado por Occidente, atacando la protesta que se transformó en una rebelión en las provincias de Donetsk y Lugansk, Del Donbás?*
- No, los oponentes de Yanukovich que tomaron el poder en Kiev actuaron imprudentemente. ¿Cómo se habrían sentido si el pueblo del Este hubiera derrocado al expresidente ucraniano pro-occidental Viktor Yuschenko?

Ahora, entendemos por lo anterior las razones por las que las dos facciones ucranianas (pro-Rusia y pro-occidentales) necesitan sentarse juntas y resolver sus diferencias, teniendo en cuenta los temores, preocupaciones, sueños, esperanzas, orgullo, cultura y lazos del otro; de manera similar a como los sudafricanos resolvieron sus diferencias hace dos décadas y emergieron del Apartheid como la "Nueva República Sudafricana" que detuvo su deslizamiento hacia el abismo y comenzó su marcha hacia un futuro promisorio como un país que tiene un lugar respetuoso para todos sus ciudadanos

Un consenso es lo que propondrían las mentes racionales, lógicas y humanas. Ningún equipo en Ucrania puede ganar contra el otro. Yanukovich con sus innumerables defectos entendió eso mejor que el defectuoso Poroshenko y los otros símbolos fuertemente defectuosos del nacionalismo ucraniano.

El fundamentalismo religioso es la mayor amenaza para la humanidad hoy en día y las naciones y los pueblos amenazados por él deben ser lo suficientemente racionales como para dejar de lado sus pequeñas diferencias y comenzar a trabajar juntos para hacer que el mundo sea seguro y propicio para aquellos que no están intoxicados por el opio de la distorsión de la religión.

Podemos encontrar algo de consuelo o luz al extraer una lección de la cita de la leyenda francesa Charles De Gaulle, quien escribió: *"El patriotismo es cuando el amor a tu propio pueblo es lo primero; el nacionalismo es cuando el odio hacia personas que no son las tuyas es lo primero"*.

Tomando de esa cita, una mente racional no puede evitar preguntarse si la mayoría de los nacionalistas ucranianos son patriotas o algo más, si son racistas y de extrema derecha en sus puntos de vista y acciones como sus oponentes los están retratando.

Miércoles 1 de Julio de 2015

Capítulo Tres

El Conflicto En Ucrania Y Los Medios De Comunicación Como Reflejo Del Mal Funcionamiento De La Configuración Geopolítica Y Una Visión Sesgada Para La Humanidad

El mundo necesita una reestructuración basada en el humanismo y centrada en la humanidad, una recalibración de cómo deberían ser las relaciones entre las naciones, una que esté libre de hipocresía y donde los valores humanos se antepongan a los intereses irracionales o nacionales. El mundo necesita ese momento de reinicio, aunque sea por un corto tiempo. Si los impulsores del mundo no se involucran en tal reestructuración, entonces todos estamos condenados. Nuestro mundo también necesita urgentemente una apertura o glasnost donde "llamar a las cosas por su nombre" sea la norma, donde prevalezca la honestidad, la integridad y el interés común compartido.

Un compromiso con novatos geopolíticos que son impulsados por el interés propio da a los defensores de la solidaridad social una idea de la estrechez de miras de algunos de los impulsores y agitadores del mundo, supuestos expertos en derecho internacional, relaciones internacionales e historia cuyas acciones y políticas se supone que dirigen a la humanidad hacia la paz y el progreso, pero desafortunadamente están empujando al mundo hacia la autodestrucción.

La mayoría de las personas humanas, altruistas y defensores de la solidaridad social condenan o deploran la hipocresía que está ocurriendo en la política mundial de hoy. En un mundo atormentado por tantos conflictos creados por el hombre que eran evitables, el conflicto ucraniano se destaca como el más estúpido, es decir, para una mente racional. Desafortunadamente, vivimos en un mundo donde el racionalismo es cada vez más escaso cada día, y donde muchos líderes mundiales parecen carecer de una comprensión de las repercusiones de sus acciones y políticas.

En el conflicto ucraniano, queda claro que los ucranianos se dejaron utilizar por sus élites, que Occidente instigó el conflicto con sus acciones en el país antes, durante y después de las protestas de Maidan, un proceso que llevó al derrocamiento del expresidente ucraniano democráticamente elegido Viktor Yanukovich, lo que provocó la reacción de Rusia, lo que lleva al actual enfrentamiento en el país hoy. Entiendo la posición de Rusia a la luz de las tácticas solapadas de Occidente en Ucrania. Sin embargo, no apoyo todas las acciones de Rusia, en la medida en que deploro las acciones y políticas de las potencias occidentales en Ucrania.

Desafortunadamente, la gente común, el simple pueblo ucraniano son las víctimas del desastre en el que se ha convertido el país hoy, un desastre en el que los hooligans ahora dirigen el curso de una nación, enfrentando hermanos contra hermanos. De todos modos, se pueden aprender lecciones de Sudáfrica en la construcción de una "Nueva Ucrania" donde el consenso es la consigna. Después de todo, ni el lado pro-occidental ni el lado pro-ruso no puede imponer su voluntad al otro sin destruir Ucrania en el proceso.

Lo que muchos humanistas no pueden entender es la hipocresía y la selección de cerezas. ¿Por qué trabajar incansablemente para deponer a un ladrón elegido democráticamente (Yanukovich) que reemplazó a otro ladrón respaldado por Occidente elegido democráticamente (Yuschenko) en Ucrania, mientras que al mismo tiempo sostiene dictadores malvados y sedientos de sangre en el poder en otras partes del mundo, tiranos que son abrumadoramente rechazados por su pueblo? Los títeres psicópatas respaldados por Occidente abundan en África (Paul Biya de Camerún-33 años en el poder, Obiang Nguema de Guinea Ecuatorial-37 años en el poder, los Edemas de Togo-5 décadas, Bongos de Gabón-5 décadas, etc.) que están vendiendo sus países a entidades extranjeras, salvando el botín en los bancos occidentales, empobreciendo a sus países y están empujando a sus mejores ciudadanos a votar con los pies mudándose a países avanzados, sólo para ser llamados extranjeros ilegales por algunos de los ciudadanos de sus países de acogida; sin embargo, los medios de comunicación no hablan de esta maldición a la humanidad y el pueblo africano , en particular, maldiciones que se hacen pasar por jefes de estado; sin embargo, las principales potencias del mundo ni siquiera sugieren su derrocamiento (sirven a los intereses de las entidades extranjeras y sirven a la visión intolerante de que "los africanos no pueden equivaler a nada". Es por eso que a las mentes racionales les resulta extraño que los medios corporativos o convencionales estén alegres e incluso consideren que está bien que el presidente electo de Ucrania haya sido removido del poder inconstitucionalmente, sin embargo, estos mismos medios se preguntan por qué las personas que votaron a Yanukovich al poder tuvieron la "temeridad" de oponerse al golpe respaldado por Occidente. Es como violar a una persona y enojarse porque la persona no disfrutó de la violación y que la persona se opuso a la violación.

Cualquier humanista y demócrata genuino también aborrecería las formas del depuesto presidente ucraniano Yanukovich, pero no era más que un ladrón. Los tipos que Occidente ayudó al poder en Kiev orquestando la deposición de Yanukovich, también son ladrones. Además, son asesinos con una agenda exclusiva, apuntalada por una vanguardia (grupos de extrema derecha) con ideas y métodos fascistas / nazis que condenan al ostracismo a aproximadamente la mitad de la población de Ucrania, una mentalidad que contamina el mundo.

Los líderes del mundo deben comenzar a abordar los problemas geopolíticos con la humanidad en mente como el objetivo primordial. Necesitan emular a Nelson Mandela. Ese es el único enfoque que terminaría derrotando al extremismo político y defendiendo la causa de la humanidad. Y sin abordar también la hipocresía actual en África, el continente se convertiría en el próximo punto de inflamación geopolítica entre la creciente China, las naciones occidentales y otras potencias emergentes del mundo. África necesita que se les permita a sus dispositivos limpiar la casa africana, y lo más que las potencias extranjeras pueden hacer es ayudarla a lograr la limpieza de la casa. A decir verdad, muchas naciones extranjeras son en parte responsables del desastre que muchos países africanos son hoy en día.

El fundamentalismo religioso es la mayor amenaza para la humanidad hoy en día y las naciones y los pueblos amenazados por él deben ser lo suficientemente racionales como para dejar de lado sus pequeñas diferencias y comenzar a trabajar juntos para hacer que el mundo sea seguro y propicio para aquellos que no están intoxicados por el opio de la religión que ha sido distorsionado por mentes retorcidas.

Miércoles 6 de Mayo de 2015

Capítulo Cuatro

La Composición Lingüística de Ucrania

Lenguas dominantes de Ucrania

1. АбсолютнопреобладаетРусский (Completamente dominado por el ruso) = Verde oscuro
2. относительнопреобладает Русский (Relativamente dominado por el ruso) = Verde claro

3. АбсолютнопреобладаетУкраинский (Completamente dominado por el ucraniano) = Naranja

Regiones de Ucrania y Bielorrusia:

Запад= Oeste (Ucrania)

центр= Centro (Ucrania)

востокцентр= Centro Este (Ucrania)

восток=Este (Ucrania)

юг=Sur (Ucrania)

Principales idiomas hablados en Ucrania y Bielorrusia:

- Русски= Ruso
- Украинский=Ucraniano
- Суржик=Surzhik
- Трасянка=Trasianka

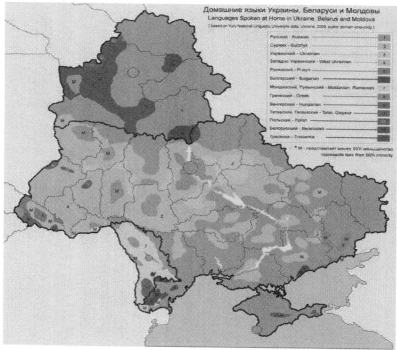

Porcentaje de personas que desean que el ruso se convierta en un segundo idioma estatal

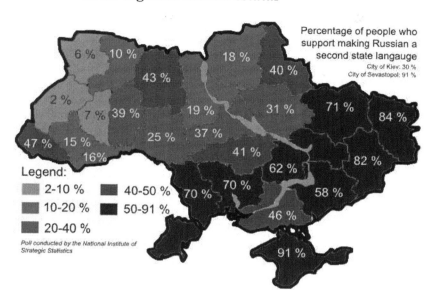

Domingo, 17 de Mayo de 2015

Capítulo Quinto

División Económica Entre El Este Y El Oeste De Ucrania (Producto Regional Bruto Per Cápita de las provincias (óblasts))

El mapa administrativo de Ucrania

**Producto regional bruto per cápita en Ucrania: Dólares
ESTADOUNIDENSES (2008)**

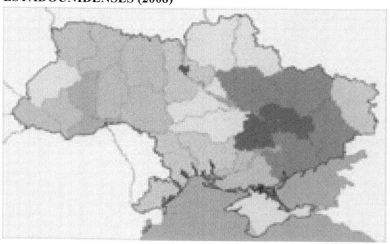

más de 10 000: Ciudad de Kiev

5 000 - 10 000: Óblast de Dnipropetrovsk

4 000 - 5 000: Óblast de Donetsk, Óblast de Zaporizhia,
Óblast de Poltava, Óblast de Járkov

3 000 - 4 000: Óblast de Kiev, Óblast de Odesa, Óblast de
Lugansk, Óblast de Mykolaiv; Ciudad de Sebastopol

2 500 - 3 000: Óblast de Cherkasy, Óblast de Leópolis,
Óblast de Sumy, Óblast de Kirovohrad, Óblast de
Chernihiv; República Autónoma de Crimea

2 000 - 2 500: Óblast de Ivano-Frankivsk, Óblast de
Volyn, Óblast de Rivne, Óblast de Vinnytsia, Óblast de
Jersón, Óblast de Jmelnytskyi, Óblast de Zhytomyr, Óblast
de Zakarpattia

menos de 2 000: Óblast de Chernivtsi, Óblast de Ternopil

PRFV per cápita (nominal) 2004-2013

Lista de divisiones administrativas ucranianas por GRP per cápita (en USD.)[1]

	2004	2005	2006	2007	2008	2009	2010	2011	2012	2013
República Autónoma de Crimea	930	1,260	1,604	2,094	2,638	1,788	2,080	2,452	2,837	2,952
Óblast de Cherkasy	912	1,303	1,625	2,046	2,768	1,847	2,183	2,655	3,073	3,274
Óblast de Chernihiv	970	1,263	1,527	1,996	2,508	1,684	1,941	2,438	2,765	2,828
Óblast de Chernivtsi	675	908	1,119	1,459	1,855	1,204	1,378	1,666	1,818	1,896
Óblast de Dnipropetrovsk	1,618	2,324	3,017	4,132	5,870	3,560	4,374	5,298	5,587	5,797
Óblast de Donetsk	1,826	2,437	3,114	3,999	4,942	2,969	3,653	4,590	4,868	4,733
Óblast de Ivano-Frankivsk	985	1,349	1,615	1,991	2,457	1,602	1,867	2,441	2,925	3,005
Óblast de Járkov	1,350	1,761	2,248	3,098	4,043	2,724	2,979	3,522	3,750	3,894
Óblast de Jersón	854	1,115	1,335	1,608	2,268	1,573	1,808	2,140	2,241	2,416
Óblast de Jmelnytskyi	855	1,125	1,391	1,802	2,265	1,512	1,714	2,174	2,493	2,523
Óblast de Kiev	1,250	1,692	2,162	2,977	3,910	2,794	3,294	4,335	5,066	5,003
Óblast de Kirovohrad	963	1,247	1,529	1,890	2,566	1,681	1,957	2,508	2,763	3,194

Lista de divisiones administrativas ucranianas por GRP per cápita (en USD.)[1]

	2004	2005	2006	2007	2008	2009	2010	2011	2012	2013
Óblast de Lugansk	1,123	1,586	1,997	2,698	3,481	2,126	2,494	3,157	3,247	3,066
Óblast de Leópolis	1,014	1,299	1,653	2,161	2,639	1,809	2,061	2,580	3,052	3,120
Óblast de Mykolaiv	1,208	1,522	1,934	2,421	3,071	2,188	2,555	2,947	3,108	3,422
Óblast de Odessa	1,321	1,682	2,055	2,738	3,728	2,611	2,841	3,243	3,387	3,643
Óblast de Poltava	1,662	2,258	2,837	3,663	4,267	2,867	3,737	4,439	4,808	5,000
Óblast de Rivne	905	1,223	1,529	1,920	2,319	1,501	1,737	2,107	2,360	2,377
Óblast de Sumy	941	1,268	1,554	2,029	2,586	1,749	1,980	2,494	2,718	2,942
Óblast de Ternopil	661	898	1,152	1,487	1,839	1,314	1,476	1,896	2,083	2,104
Óblast de Vinnytsia	883	1,164	1,451	1,814	2,290	1,559	1,806	2,238	2,534	2,790
Óblast de Volyn	897	1,226	1,465	1,923	2,343	1,514	1,754	2,140	2,409	2,479
Óblast de Zakarpattia	797	1,048	1,302	1,673	2,017	1,294	1,547	1,820	2,138	2,132
Óblast de Zaporizhia	1,521	2,084	2,647	3,569	4,411	2,646	2,981	3,472	3,836	3,819
Óblast de Zhytomyr	826	1,084	1,314	1,680	2,192	1,465	1,842	2,164	2,446	2,538
Ciudad de Kiev	4,348	5,617	6,972	9,860	11,694	7,841	8,875	10,041	12,192	13,687
Ciudad de Sebastopol	1,099	1,454	1,996	2,566	3,150	2,178	2,578	3,094	3,237	3,598

Lista de divisiones administrativas ucranianas por GRP per cápita (en USD.)[1]

	2004	2005	2006	2007	2008	2009	2010	2011	2012	2013
Ucrania	1,367	1,829	2,303	3,068	3,891	2,545	2,974	3,588	4,005	4,188

Martes 30 de Junio de 2015

Capítulo Sexto

Un Consenso Sobre Ucrania

Está claro después de la toma del gobierno del presidente ucraniano democráticamente elegido Yanukovich por la asediada oposición, que las fuerzas externas (Occidente, Unión Europea, OTAN, Estados Unidos y la Federación Rusa) que apoyan a las dos partes del conflicto han tomado posiciones intransigentes, exigiendo que la otra parte acepte plenamente sus versiones de la naturaleza del conflicto y las posiciones que han tomado. Desafortunadamente, la incapacidad o falta de voluntad tanto de las potencias occidentales como de Rusia para tomar las medidas tentativas para encontrar un terreno común en un conflicto en el que ninguna de las partes está equivocada, deja a Ucrania en peligro.

JANVIER T. CHANDO

Mapa de los Óblasts (Regiones o Provincias) de Ucrania

Territorios anexados a Ucrania por Diferentes Zares
Rusos y Líderes Soviéticos

Las elecciones presidenciales de 2010: Timochenko

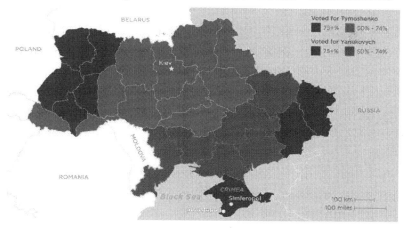

El régimen de Yanukovich era tan corrupto como los otros regímenes anteriores, dos tercios de los cuales eran pro-occidentales, pero es obvio que la UE ofreció muy poca ayuda de la que Yanukovich esperaba, y que la oferta de Rusia fue más atractiva, lo que hace que la decisión de Yanukovich de aceptar la ayuda rusa sea lógica. La respuesta de la oposición a la postura de Yanukovich encajaba bien con su orientación pro-UE, pero estaba claro para todos que la oposición llevó a cabo muchas acciones ilegales durante su protesta, acciones que ningún gobierno en el mundo toleraría. También estaba claro que el régimen de Yanukovich actuó ilegalmente contra algunas figuras de la oposición. Los gobiernos occidentales y Rusia intervinieron en apoyo de los campos pro-UE y pro-rusos respectivamente, a pesar de que la intervención occidental de codearse abiertamente con los manifestantes en el corazón de Ucrania (Kiev) no fue diplomática.

También es obvio que tanto Occidente como Rusia tienen intereses en Ucrania, aunque Rusia tiene más que perder que los países occidentales. En el enfrentamiento final, ambas partes, los manifestantes pro-UE que tomaron el poder y se consolidaron y el gobierno de Yanukovich que fue derrocado, usaron armas durante los meses del enfrentamiento en la Plaza Maidan en Kiev. Y hubo cuatro veces más víctimas entre los manifestantes que entre la policía.

Tribus eslavas orientales que formaron la Rus de Kiev

Estado de la Rus de Kiev (Rus de Kiev): 882-1240 dC

Estados sucesores de la Rus de Kiev después de la invasión mongola

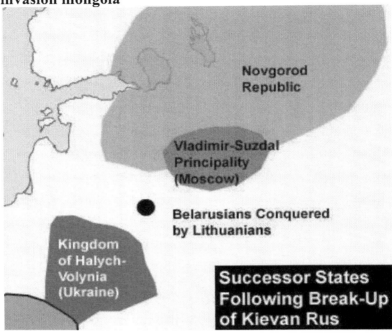

Teniendo en cuenta lo anterior, especialmente durante el enfrentamiento, un consenso era lo que la mayoría de las mentes lógicas o racionales esperaban. En cierto modo, se alcanzó como resultado de un acuerdo que Yanukovich firmó con la oposición en ese momento, un acuerdo garantizado por las firmas de representantes de varios gobiernos occidentales. El hecho de que Yanukovich fuera derrocado por la oposición al día siguiente después de retirar las fuerzas de Kiev como exigía el acuerdo significó una violación. Y el hecho de que Rusia orquestó la toma de control de Crimea prorrusa también es una violación. Sin embargo, esas dos acciones no deben significar el fin de la búsqueda de un consenso, especialmente en beneficio del pueblo ucraniano.

Porcentaje de rusos étnicos por región en 2001

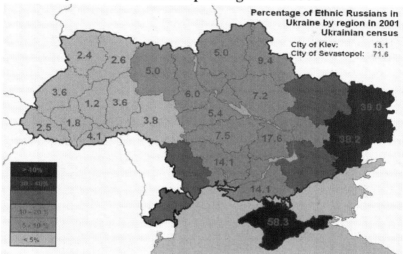

Porcentaje de personas que desean que el ruso se convierta en un segundo idioma estatal

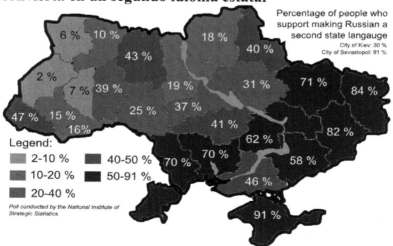

El mundo puede ver a figuras históricas como Taras Shevchenko y Nikolai Gogol como héroes ucranianos unificadores y aprender lecciones útiles de ellos. Estas figuras emulativas refinaron y popularizaron el idioma ucraniano, y también escribieron extensamente en ruso, contribuyendo al desarrollo del idioma. Los ucranianos necesitan verse a sí mismos como un pueblo bilingüe, a pesar de que se encuentran atrapados en medio de un tira y afloja entre Occidente y Rusia. Son los peones en manos tanto de Occidente como de Rusia, con Occidente empeñado en aislar a Rusia y Rusia contraatacando. Rusia y Occidente deben tomar medidas para encontrar un terreno común, y especialmente, los políticos ucranianos occidentales deben respetar los sentimientos del Este / Sur.

Divisiones administrativas ucranianas por salario mensual

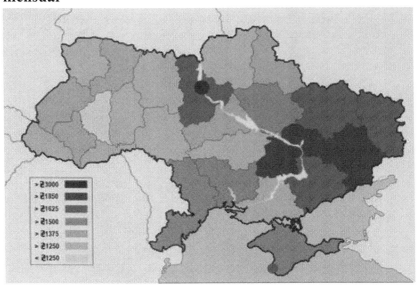

La mejor manera de avanzar es implementar el plan que la oposición hizo con el presidente depuesto, o al menos una versión revisada del mismo, que podría ni siquiera incluir a Yanukovich y a los ex jugadores de la oposición, en preparación para las elecciones que Yanukovich no tendría que disputar. En la mayoría de los casos, se debe elaborar un marco mutuamente acordado, que reconozca los derechos de los pueblos a ambos lados del río Dniéper, evitando que cualquier parte pisotee los derechos de la otra.

Después de pensarlo profundamente, se hizo evidente que desde que Leonid Kravchuk del oeste de Ucrania se convirtió en el líder de la RSS de Ucrania debido a las luchas internas entre los ucranianos centrales y orientales, y luego conspiró con Yeltsin de la RFSSR rusa y Kebich de Belarus (Bielorrusia) SSR para destrozar la Unión Soviética a pesar del hecho de que sus poblaciones acababan de votar en un referéndum organizado por el líder soviético Mikhail Gorbachov ese mismo 1991, autorizándolo a reformar la URSS en la Unión de Estados Soberanos Soviéticos, el pueblo de Ucrania nunca ha votado a alguien de Ucrania occidental para la presidencia del país. Por lo tanto, los levantamientos parecen ser el camino más fácil para aquellos de Ucrania occidental que aparentemente tienen dificultades para ganar votos en el centro y este / sur de Ucrania, especialmente de las otras minorías étnicas (húngaros, rumanos, moldavos, búlgaros, etc.).

Idiomas hablados en Ucrania

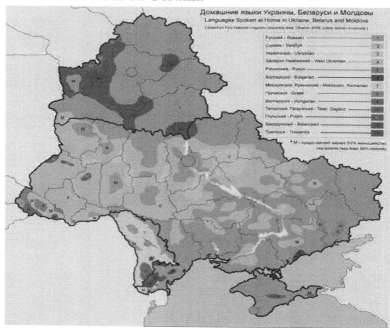

El idioma que se habla en casa en Ucrania

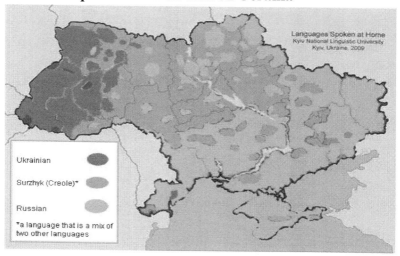

Es obvio que la mayoría de la gente de Ucrania Occidental difícilmente aceptaría a alguien del Este / Sur como jefe de Estado de Ucrania porque piensan que la gente de Ucrania Oriental / Meridional no son ucranianos reales. Entonces, ¿por qué no crear una Nueva Federación de Ucrania que se componga en general de tres áreas? Muchas personas piensan que es la mejor manera de hacerlo. Estas tres áreas o unidades deben estar conformadas por sus provincias actuales:

- (Una Ucrania central bilingüe centrada en Kiev donde el ruso y el ucraniano son igualmente reconocidos.
- Una unidad federal del este / sur de Ucrania donde se acepta la prevalencia del ruso.
- Y una unidad federal de Ucrania occidental donde prevalece el ucraniano).

Ucrania puede aprender mucho de Sudáfrica para reinventarse de su pasado de apartheid. O de Suiza que está trabajando a pesar de su diversidad. Bélgica es un país dividido que todavía está unido. Camerún, a pesar del sistema fascista impuesto por Francia que actualmente está bajo el gobierno de 32 años del impopular y manipulador de las elecciones títere francés Paul Biya, todavía se mantiene unido.

El Reino de Galicia-Volinia (Ucrania Occidental) de 1253-1349 que surgió de la desaparición de la Rus de Kiev después de la invasión mongola de 1239-41 y la ocupación de la tierra (La Horda de Oro) de donde también surgió Moscovia (Imperio ruso).

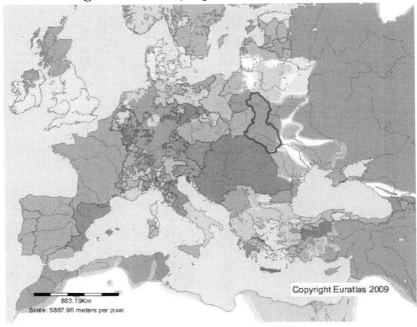

La Mancomunidad Polaco-Lituana 1569-1795.

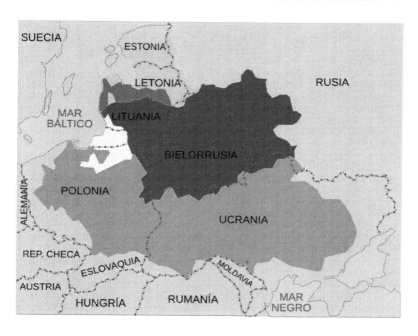

El Hetmanato de corta duración o Hueste cosaca de 1649-1764 (Independiente de Polonia desde 1648-57 durante el levantamiento dirigido por el hetman cosaco de Zaporozhie Bohdan Khmelnytsky, hasta que juró lealtad al Zarato de Rusia). Considerado por muchos historiadores como el primer estado ucraniano.

El efímero Estado ucraniano de abril-diciembre de 1918 formado por el antibolchevique Pavlo Skoropadskyi durante la guerra civil en el antiguo Imperio ruso

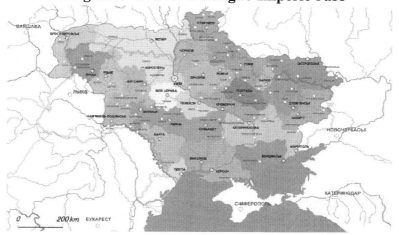

Mapa político de Ucrania hasta febrero de 2014

¿Y por qué no hacer que Ucrania sea neutral? De esa manera, este país altamente complejo cuya gente realmente no difiere entre sí y que en realidad está plagado de diferencias que surgieron hace siglos causadas por las fuerzas de sus fronteras norte, oeste y este, se convierte en un puente entre la Unión Europea y la Unión Euroasiática liderada por Rusia.

El consenso debe ser la consigna. Tanto el nuevo gobierno en Kiev como su némesis en el este de Ucrania están ejerciendo el control por el poder y la fuerza. No fueron elegidos o son la elección del pueblo. Los de Kiev están respaldados por Occidente y llegaron al poder mediante el engaño y un golpe de Estado. Aquellos en el este de Ucrania tienen las bendiciones de Rusia y no reconocen a los derechistas en Kiev que están en contra de Rusia, los rusos étnicos y los ucranianos rusificados. Por lo tanto, ambos campos ilegales no están sirviendo a los intereses de Ucrania y es mejor sentarse y encontrar un consenso para el interés de la mayoría del pueblo ucraniano. Deberían aprender de la Sudáfrica post-apartheid liderada por Mandela.

Siéntese y elabore un gobierno interino que represente a todos los grupos ucranianos y a la sociedad civil, haga que el país sea oficialmente bilingüe, etc., elabore una nueva constitución que respete los derechos de todos y luego organice elecciones libres y justas donde los candidatos puedan hacer campaña libremente en cualquier parte de la Nueva Ucrania y no ser acosados y golpeados por aquellos que se oponen a ellos. Como dijo una vez Ehud Barak: *"La paz más complicada es mejor que la guerra más simple"*.

Domingo, 1 de Marzo de 2015

Capítulo Siete

La Locura De La Reanudación De La Guerra En Ucrania

Si debemos llamar a las cosas por su nombre, entonces se hace obvio que la OTAN / Estados Unidos y muchos en el poder en Occidente quieren una guerra a gran escala en Ucrania, creando una cicatriz permanente entre los eslavos orientales, y más especialmente entre los hablantes de ruso y los ucranianos de habla ucraniana. Europa no necesita una gran guerra y el Acuerdo de Minsk es lo mejor que está sobre la mesa. Otorgando un grado justo de autogobierno a la parte de Ucrania (sur y este) que se opuso al derrocamiento de la persona que votaron para llegar al poder (el ladrón Viktor Yanukovich que era un ladrón como sus predecesores) en las elecciones más libres y justas de la historia de Ucrania, una parte que se vio sometida a una guerra no deseada por parte de quienes llevaron a cabo el golpe, es algo lógico. Los ucranianos no se odian entre sí. Simplemente resultaron ser las personas en Europa cuyas mentes han sido arruinadas por la historia más que cualquiera de los demás. Y esta es la peor etapa en el desorden de las mentes de la gente, especialmente con el uso del liderazgo político actual que jugó un papel importante en hacer de Ucrania el desastre que es hoy (corrupción, oligarquía, etc.) Poroshenko, por ejemplo, estuvo involucrado en gobiernos oligárquicos prorrusos y prooccidentales.

Ucrania necesita un consenso, uno que respete los derechos legítimos, las preocupaciones y las aspiraciones de todos los diferentes grupos socio-étnicos del país. Desafortunadamente, implementar algo como lo que ha funcionado en países como Sudáfrica iría en contra de los intereses de las potencias extranjeras.

Ucrania occidental / central no puede dominar el este / sur de Ucrania (es decir, la mitad de Ucrania de habla ucraniana no puede imponer su voluntad ciega a la mitad de habla rusa) y viceversa. Uno pensaría que los usurpadores en Kiev ya se habrían dado cuenta de eso. Estoy empezando a pensar que los africanos son el grupo más indulgente del mundo, es decir, un pueblo con la gran capacidad de dejar las cosas atrás después de la esclavitud, el colonialismo, el apartheid y ahora el neocolonialismo, y mirar hacia el futuro donde las cosas deben hacerse por el bien de la humanidad. y mirar hacia el futuro donde las cosas deben hacerse por el bien de la humanidad.

O tal vez el conflicto en Ucrania es el último intento de la Alianza Occidental dominada por los angloamericanos para desordenar también a los eslavos orientales (los únicos europeos que aprecian y se aferran a su soberanía), y poner a todos los europeos bajo su hegemonía, mediante la implementación de una decisión estratégica para convertir al vecino hermano de Rusia, Ucrania, en la antípoda de Rusia para el objetivo estratégico a largo plazo de subvertir a Rusia, rompiéndolo y eventualmente convirtiéndolo en un vasallo o socio subordinado de Occidente.

Si el conflicto de Ucrania no es una estratagema para lograr objetivos a largo plazo de los que la mayor parte del mundo no ha sido consciente, todos los beligerantes, especialmente la OTAN, la UE y los Estados Unidos, deberían obligar al gobierno de Kiev a implementar el Acuerdo de Visones y hacer la paz acordada con los rebeldes de Donbas.

Miércoles 19 de Agosto de 2015

Capítulo Ocho

El Camino a Seguir Para Ucrania

La mayoría de los defensores genuinos de la Solidaridad Social, el Humanismo y el Altruismo están ahora hartos de los medios de comunicación populares con sus agendas desagradables, especialmente cuando se trata de política exterior e interés exterior. Y en ninguna parte la tergiversación de la verdad por parte de los medios de comunicación ha sido más repugnante y evidente que en el conflicto en Ucrania. Sí, el conflicto en Ucrania es una de las disputas más estúpidas que persiguen a este planeta. Y todo se trata de geopolítica.

Por el bien de la humanidad, resolver el conflicto de Ucrania y las docenas de otros conflictos sobre intereses e ideas o nociones retorcidas de geopolítica serviría al interés general de la humanidad. Con respecto a Ucrania, el mundo necesita que las potencias hablen directamente cuando se trata del bienestar de la gente de Donetsk, Lugansk y el resto del sur / este de Ucrania. Votaron a su hijo para el cargo más alto del país, un hijo que como presidente de Ucrania fue expulsado del poder por un golpe de estado respaldado por Occidente después de manifestaciones callejeras donde figuras políticas extranjeras como Victoria Nuland, John McCain, etc. salieron en público y se codearon con los manifestantes. Es cierto que el derrocado presidente ucraniano Viktor Yanukovich fue un ladrón que fue aceptado por Rusia, pero no tuvo las agallas (algunos dirían que no tuvo la decencia) para usar una fuerza abrumadora contra sus oponentes ucranianos, una fuerza decisiva que la mayoría de los gobiernos, incluso en Occidente, habrían utilizado. La oposición respaldada por Occidente, que ha demostrado ser útil para la agenda occidental, y que lo expulsó del poder y tomó el control del gobierno, también tiene o también tuvo un grupo de ladrones dentro de sus rangos superiores.

No podemos darnos el lujo de ignorar esta pregunta. ¿Cómo habría reaccionado el pueblo de Ucrania occidental o central si el expresidente Yuschenko, respaldado por Occidente, también un ladrón, hubiera sido expulsado del poder por los ucranianos del este / sur? Se habrían opuesto. Como dice la Biblia: "Haz a los demás lo que quisieras que otros te hicieran a ti".

Teniendo eso en cuenta, una mente lógica diría que los ucranianos del este / sur estarían justificados si llevan la guerra al oeste de Ucrania. Pero como humanista, aborrezco eso, o la guerra en todas sus formas. Apoyo las palabras de Ehud Barak cuando dijo que *"La paz más complicada es mejor que una simple guerra"*.

Hay propaganda occidental con los gigantes de los medios privados que trabajan en conjunto con el gobierno o la política oficial, especialmente cuando se trata de política exterior e interés estatal. Los medios de comunicación y los gobiernos en el mundo occidental también trabajan con sus grandes multinacionales o corporaciones. Este buen acuerdo entre las corporaciones, los medios de comunicación y el gobierno se llama Corporatocracia. En Rusia, es el gobierno o el estado el que difunde propaganda a través de los medios de comunicación estatales. En cierto modo, es lo mismo. Alimentan a las masas con el opio de la desinformación entendida como noticia. Solo aquellos que son curiosos, perspicaces y honestos se molestan en tamizar la verdad. En pocas palabras, los principales medios de comunicación rusos están reflejando los puntos de vista, posiciones, objetivos e intereses del Estado ruso, mientras que los medios de comunicación occidentales también están reflejando los puntos de vista, posiciones, objetivos e intereses de sus gobiernos / propietarios privados / aliados comerciales.

Los líderes de varias naciones occidentales trabajaron con la oposición ucraniana en ese momento para derrocar a un líder democráticamente elegido de Ucrania (Yanukovich), aunque fuertemente corrupto, porque no cumpliría sus órdenes, y luego pasaron a instalar en el poder a aquellos que están cumpliendo sus órdenes (títeres, se llama. Estos títeres abundan en lugares como en África. Paul Biya de Camerún es uno. Su predecesor Ahidjo fue otro). Los actuales líderes ucranianos que hacen las órdenes de los titiriteros occidentales son o fueron igualmente corruptos con pasados turbios.

Rusia, que había apoyado al derrocado presidente ucraniano Yanukovich, reaccionó o se benefició del derrocamiento occidental de su hombre en el poder en Ucrania, ya que aprovechó el caos al apoderarse de Crimea de Ucrania, una península que tenía la flota rusa del Mar Negro con base, en Sebastopol precisamente, y que anteriormente era rusa hasta el 19 de febrero, 1954, cuando Nikita Khrushchev (El jefe de estado de la URSS del 14 de septiembre de 1953 al 14 de octubre de 1964, y que era ucraniano por etnia) lo regaló a Ucrania, de manera fraternal, para conmemorar los 300 años de rusos y ucranianos (ramificaciones de Rus), volviendo a unirse después de siglos de separación después de la conquista mongola de Kiev Rus en el siglo 13. La toma no sangrienta de la península de Crimea por parte de Rusia implicó el uso de "la voluntad del pueblo de Crimea" en un movimiento ilegal pero democrático (referéndum) donde la mayoría del pueblo de Crimea votó para volver a unirse a Rusia. Rusia luego pasó a ayudar a la gente agitadora del Donbás (los óblasts de Donetsk y Lugansk que eran la fuerte base de apoyo de Yanukovich) en su oposición al golpe.

- *Entonces, ¿son Occidente y Rusia culpables de agitar el conflicto de Ucrania?*
- Sí, lo son. Uno como instigador (Occidente), y el otro como reaccionario (Rusia).

- *¿Son culpables también los ucranianos?*
- Sí, por permitir que Yanukovich, así como por los

tipos que lo derrocaron con la ayuda de Occidente para engañarlos y engañarlos.

- *¿Hay alguna lógica en la gente del Donbás que desafíe el derrocamiento de alguien que eligieron abrumadoramente?*
- Sí, hay lógica.

- *¿Es necesario el conflicto armado?*
- No, no fue así.

- *¿Han dado Rusia y las potencias occidentales apoyo militar a las partes del conflicto que apoyan?*
- Sí, lo han hecho, tanto abierta como tácitamente.

En Ghana, después de dos décadas de descarrilamiento causado por un golpe de Estado patrocinado por la CIA que derrocó al padre fundador de la nación (Kwame Nkrumah), lo que llevó a la inestabilidad ya que el país experimentó un golpe tras otro debido a la rivalidad entre los conspiradores (los saboteadores) que comenzaron a luchar entre ellos, un joven oficial del ejército llamado Jerry Rawlings derrocó a ese grupo, ejecutó a todos esos saboteadores, devolvió la democracia al país y volvió a poner a Ghana en el camino correcto. Ha habido tres jefes de Estado elegidos en Ghana desde que Rawlings legó el poder a su sucesor elegido democráticamente en 2000. De ello se puede extraer una lección. Ucrania necesita deshacerse de todos sus oligarcas que han estado involucrados en la política desde 1990 hasta

2015. Son responsables de la mala gobernanza en ese país. No recomendaría que se ejecutaran. Los oligarcas de Ucrania han demostrado que se pueden comprar y no pueden ser más que títeres de otros (Occidente y Rusia).

- ¿Produciría Ucrania a alguien como el mítico o legendario Taras Bulba (que rechazó la dominación polaca, tártara o turca); Ucrania forjaría una "Nueva Ucrania" y una identidad ucraniana que se reconcilie con todas sus diversas entidades?
- Sí, se puede.

Pero eso requiere una columna vertebral, un liderazgo efectivo, una idea unificadora basada en el humanismo y no en el nacionalismo donde el odio al otro es lo primero (la pasión de Ucrania occidental), la verdad sobre sí misma y el compromiso de ser autocrítico. Requeriría que Ucrania estuviera en paz consigo misma. Requeriría que los ucranianos rechazaran el loco muro que se está construyendo a lo largo de la frontera rusa por su liderazgo histérico y paranoico que llegó al poder ilegalmente y que teme a su sombra; requeriría que las élites políticas actuales y pasadas cuyas formas corruptas corrompieron el alma de Ucrania digan *mea culpa.* ; requeriría que Occidente y Rusia ayudaran a los ucranianos a sentarse en un proceso similar al programa "Verdad y Reconciliación" de Sudáfrica posterior al apartheid.

De hecho, es bueno ver que la vida está empezando a volver a la normalidad para la gente del este de Ucrania que fue sometida a un año de pesadilla en una guerra que podría haberse evitado si los grupos de interés opuestos hubieran visto la necesidad de cooperar, o si hubieran tenido en cuenta el interés y el bienestar de la gente común. Ucrania necesita este programa de "Verdad y Reconciliación" a través del cual sería más eficaz para llegar a una nueva constitución, amnistía, paz, reconciliación, verdadera libertad y democracia genuina, un proceso de limpieza per se. Una vez más, ambas partes del conflicto tienen razón. Y no perjudicaría al pueblo de Ucrania si losególatras dejaran de lado sus egos inflados e intereses hirientes, y se esforzaran en cambio por un acuerdo de reparto de poder entre las diferentes regiones del país, con un marco de tiempo orientado a fundar una "Nueva Ucrania", donde las normas son la libertad, la democracia genuina, los derechos humanos, la amnistía, una nueva constitución, etc.

Esa es la única forma en que puede nacer una nueva Ucrania.

Ambas partes son culpables en este conflicto y ambas partes tenían una razón de ser. Pero el camino a seguir no es descartar las preocupaciones o quejas legítimas de la otra parte. Occidente actuó abismalmente, el lado que Occidente apoya actuó abismalmente, Rusia actuó abismalmente, y las fuerzas anti-Maidan en Ucrania tampoco son santos. Pero no se debe permitir que ninguna de las partes imponga su voluntad a la otra. Esa sería una receta para un conflicto continuo. Ningún bando puede ganarse al otro en este conflicto ucraniano. Pero con el sentido común, el humanismo y/o el altruismo en mente, Ucrania puede convertirse en el puente entre Rusia y Occidente.

- Pero, ¿permitirían las potencias occidentales y Rusia que eso sucediera?
- Pueden.

Sólo si Occidente deja de tratar de utilizar Ucrania para hacerle frente a Rusia, así como deja de poner su interés por encima del bienestar del pueblo ucraniano; y solo si Rusia comienza a tratar a Ucrania plenamente como su verdadero hermano. Eso también requeriría que la élite política ucraniana dejara de dar por sentada la voluntad de Rusia de ayudar a su país; eso también requeriría que dejaran de pensar que está bien jugar contra Occidente contra Rusia y viceversa en aras de los beneficios socioeconómicos y políticos. Para que eso suceda, Ucrania tendría que ser no alineada y un puente entre la Unión Europea y la Unión Económica Euroasiática.

Capítulo Nueve

Ucrania: Exponiendo el Mito, Rechazando El Nacionalismo, Abrazando El Patriotismo y Fundando "La Nueva Ucrania"

Después de más de un año de un nuevo régimen en el poder en Kiev, y después de un período de negarse a reconocer el hecho de que el poder cambió de manos en febrero de 2014 ilegalmente; o después de evadir las preguntas sobre la naturaleza de la ilegitimidad inicial del régimen actual, encontramos hoy que los medios de comunicación, especialmente los de Occidente, finalmente han aceptado la verdad de que hubo un golpe de Estado en Ucrania que depuso al ex presidente ucraniano Viktor Yanukovich. A los alemanes les gusta decir que "siempre hay dos lados de una historia o punto de vista": la dialéctica. Y como los poderes fácticos ahora están de acuerdo en que hubo un golpe de

Estado, no podemos desestimar los sentimientos o la posición de quienes votaron por la persona que fue depuesta. La gente de Rovno (Rivne), Chernihiv y Sumy habrían reaccionado exactamente como la gente de Crimea y el Donbás si sus hijos nativos (Leonid Kravchuk, Leonid Kuchma y Viktor Yuschenko respectivamente) hubieran sido depuestos como jefe de estado durante su mandato por sus oponentes. Siguiendo el ejemplo de la cita de Dostoievski de que "Si Dios no existe, todo está permitido", puedo agregar que "Si no hay respeto por el estado de derecho y la legitimidad, entonces cualquier cosa se puede esperar". Las rebeliones en el Donbás y el anarquismo de la extrema derecha ucraniana que encabezó el golpe dan fe de ello.

Me considero un libre pensador y alguien que ha estado siguiendo los desarrollos en las tierras de la ex URSS desde la década de 1980. ¿Por qué? Tal vez porque encontré la masa de tierra y la gente curiosamente intrigantes; Tal vez porque me gustaba la literatura rusa: Pasternak, Dostoievski, Pushkin, Turguénev, Bulgákov, Chéjov, Gógol, Tolstói, etc., tal vez porque me gustan los *narodniepyesni (*canciones populares o canciones nativas), etc.; y / o tal vez porque estudié allí, Bielorrusia principalmente, y escribí sobre el lugar. Los dos líderes soviéticos que admiré mucho en un momento fueron Lenin y Gorbachov, especialmente por la autenticidad de sus almas. Lenin cometió errores, especialmente en su reacción cuando estaba bajo coacción, pero los admitió, al igual que Gorbachov.

Lenin es quien primero hizo posible que el ucraniano estándar, luego un idioma multiplicador localizado, se enseñara en todo el territorio de lo que hoy es Ucrania; expandió Ucrania, agregando la mayor parte de lo que en ese momento era de habla rusa, pero sobre todo étnicamente ucraniano (sudeste de Ucrania) a Ucrania; se tambaleó contra el chovinismo de la Gran Rusia; dejó ir a Finlandia, Polonia y los países bálticos de Estonia, Letonia y Lituania; y estaba horrorizado por la mano dura de Stalin al aplastar a la oposición en la Georgia natal de Stalin. Entonces, la intención de Lenin era buena, también lo era el propósito de Gorbachov, un cosaco (mitad cosaco de Zaporozhie o Ucrania y mitad don o cosaco ruso), cuya esposa siberiana traza su hogar ancestral en Chernihiv. Gorbachov deplora la dirección a la que los chicos de Kiev están llevando a Ucrania, al igual que yo.

En Camerún, la gente dice que *"si te permites convertirte en un plátano, los monos te comerán en poco tiempo"*. Eso es lo que los jefes de Estado ucranianos, pasados y presentes, permitieron que Ucrania se convirtiera, y es por eso por lo que un país potencialmente grande en el corazón de Europa es el desastre que es hoy. Ucrania es el país mentalmente más desordenado de Europa, y no se les puede culpar por ello. La historia es responsable. En el 'Taras Bulba' de Gogol, los cosacos de Zaporozhie (los antepasados de los ucranianos del sur y del este) que luchaban contra los polacos que en ese momento dominaban las tierras de gran parte de la actual Ucrania, no podían entender la naturaleza de su pueblo (élites ucranianas o élites de la Rus fronteriza) que encontraron en Kiev. y el centro que actuaba polaco, o los de Occidente que habían abandonado la fe ortodoxa y recogido el catolicismo (Uniado), como los polacos.

Hablé con un tipo polaco aquí en los Estados Unidos (odia a Rusia y la culpa por toda la turbulenta historia de Polonia), que retrata a Polonia como una víctima, en su debacle de Ucrania, culpando a los rusos en su lugar, a pesar de que Polonia ocupó las tierras de la mayor parte de la actual Ucrania durante más de cuatro siglos, convirtiéndose así en la mayor causa de la desunión entre los eslavos del Este (pueblo de la antigua Rus de Kiev) hoy. Ese es el caso porque el idioma y la cultura polacos influyeron en gran medida en las lenguas y la cultura de lo que eventualmente se convirtió en Bielorrusia y Ucrania, lo que las hace distintas de la lengua y la cultura rusas.

"Rusia tomó el este de Polonia y se lo dio a Ucrania y Bielorrusia durante la Segunda Guerra Mundial". Dijo. (Quería decir que la Unión Soviética tomó de Polonia lo que hoy es Ucrania occidental).

"Esas eran las tierras de Rus, respondí".

"Lviv, Ivano-Frankivsk, Dubno y otras ciudades en el oeste de Ucrania fueron construidas por Polonia; y los polacos eran la mayoría allí", agregó.

"Los polacos ocupantes vivían en las ciudades, mientras que los nativos vivían en el campo. Ese ha sido el caso a lo largo de la historia en todos los casos de ocupación. Los ocupantes viven en la ciudad y los nativos en el campo. Además, Polonia es la que invadió Rusia por primera vez en 1605". Le dije.

Estaba callado.

"Y Polonia tomó las tierras de rus; lo que hoy son Bielorrusia y Ucrania (Rutenia), y luego pasó a dominar

estos territorios durante siglos", agregué.

"Si no tomáramos Ucrania, los tártaros o Rusia lo habrían hecho". Él replicó.

"Si Rusia lo hubiera hecho, habría tratado a Ucrania como una parte de Rus (la antigua Rus de Kiev) recuperada, como un hermano reunido; y algunas de las personas en Ucrania y Bielorrusia hoy no estarían pensando que no son parte de la familia Rus", le dije.

Más tarde ese día, volvió a mí y me dijo de manera contemplativa: "Creo que Polonia cometió un error en ese entonces. Deberíamos haber hecho de Ucrania un miembro igualitario de la Mancomunidad Polaco-Lituana. Deberíamos haberlos permitido entrar en la Szlachta. No deberíamos haberles impuesto".

Se refería a la imposición de la lengua, la cultura, la religión, etc. polacas. en lo que hoy es Ucrania y Bielorrusia. Las élites locales de origen ucraniano en la Ucrania ocupada por los polacos recogieron las formas polacas, lo que transformó los dialectos hablados en lo que hoy es Ucrania. Fue un error de acuerdo. Pero es demasiado tarde. Hoy en día, los ucranianos están teniendo dificultades para determinar con certeza quiénes son. Se arruinaron por la historia y, por extraño que parezca, muchos de ellos están buscando la salvación de los forasteros que los arruinaron en el pasado.

Cualquier alma libre y libre pensador no se sentiría cómodo en la Ucrania de hoy. El alma libre y el libre pensador tampoco se sentirían cómodos en la Rusia de Putin y nunca se llevarían bien con las autoridades de la Bielorrusia de Lukashenko. Pero aceptó a regañadientes el hecho de que

Putin y Lukashenko están totalmente a favor del interés de esos países.

- *¿Están los chicos de Kiev totalmente a favor del interés de Ucrania?*
- No.

El interés de Ucrania pasa por la reconciliación interior. El ladrón Yanukovich lo entendió más que el insincero y sangriento Poroshenko, y su séquito, pandilla y aliados. Los otros ladrones (Viktor Yuschenko, Leonid Kuchma y Leonid Kravchuk) también lo entendieron en diversos grados. Y esto de los políticos del centro de Ucrania aprovechando el nacionalismo rabioso de Ucrania occidental para llegar al poder es la mayor maldición de Ucrania. Esto se debe a que su dependencia del apoyo del electorado y las élites del oeste de Ucrania les impide involucrar a sus hermanos en el sur y el este de Ucrania de una manera genuina. Y, a decir verdad, los ucranianos más tolerantes y menos xenófobos son los del este y sur de Ucrania, las personas que están siendo reprimidas en Ucrania hoy porque todavía ven a Rusia y a los rusos como sus hermanos y porque hablan ruso (a pesar de que la mayoría aquí son ucranianos étnicos).

La división en Ucrania hoy se refleja en las posiciones de dos hermanos de Chernihiv, uno de los cuales está casado con un ruso y vive en Rusia. No ve ninguna razón por la que el gobierno de Kiev y sus partidarios consideren a Rusia y a los rusos como enemigos. Mientras tanto, el otro hermano vive en el extranjero en Europa Occidental y quiere que Ucrania no tenga nada que ver con Rusia. Los hermanos son de la antigua tribu Severiano de la que provienen los ucranianos en Chernihiv, así como los rusos al otro lado de la frontera, lo que significa que comparten el mismo ADN. En cierto modo, el hermano paneslavo al menos entiende esa verdad histórica, como lo hacen muchos rusos étnicos; al menos entiende que los ucranianos y los rusos son el mismo pueblo de Rus, que son hermanos, a pesar de su historia dividida.

Una opinión erróneamente sostenida es que, debido a la rusificación, muchos ucranianos no pueden decir que su primer idioma es el ucraniano estándar. La primera obra escrita que se considera ucraniano estándar fue la Eneida de 1798, escrita por Kotliarevsky. Sí, era principalmente del dialecto Dniepriano Medio hablado en Poltava, Kiev y Cherkasy, con salpicaduras del dialecto Slobodan y el dialecto de la estepa hablados por los cosacos de Zaporozhia. Taras Shevchenko pulió este nuevo idioma, pero, aun así, todavía estaba localizado y utilizado principalmente por la intelectualidad (que en los días del dominio polaco hablaba principalmente polaco) que también estaba alfabetizada en ruso. En aquel entonces, más del 80% de la población era analfabeta y hablaba sus dialectos del ucraniano (ampliamente los dialectos del norte, sureste y suroeste). La escolarización en la década de 1800 en todo el Imperio ruso significó aprender en ruso, un idioma estatal que estaba muy extendido especialmente en las áreas urbanas, o en ucraniano, un nuevo idioma destinado a ser utilizado por los pueblos que una vez estuvieron bajo control polaco. Los bolcheviques incluso promovieron la ucranianización de 1921 a 1932 en una política elaborada por Vladimir Lenin conocida como *Korenizatsiya*: la korenización (nativización) tenía como objetivo eliminar la dominación de la lengua y la cultura rusas en todas las repúblicas soviéticas creadas para nacionalidades no rusas, de las cuales Ucrania era una. Así, promovió por primera vez la difusión de la lengua ucraniana localizada a las otras partes del territorio reservado por los bolcheviques como Ucrania.

La korenización o ucranianización fue un período en la historia ucraniana de rápida escolarización o escolarización (durante el cual la tasa de alfabetización aumentó de aproximadamente el 40% a más del 80%), pero la mayoría de los que se alfabetizaron durante este período aprendieron el ruso estándar sobre el ucraniano estándar como una cuestión de elección. Es cierto que el idioma ucraniano fue desalentado en favor del ruso, al igual que lo fue en las otras repúblicas soviéticas no rusas de 1933 a 1957 bajo las directivas del dictador soviético Joseph Stalin. Pero es obvio que la gran mayoría del este y sur de Ucrania nunca usaron el ucraniano estándar en su historia, sino que hablaron sus dialectos locales que se han convertido en surzhik hoy en día. De hecho, los dialectos locales del este y sur de Ucrania están más cerca del ucraniano estándar más que los dialectos locales del norte de Ucrania y el oeste de Ucrania, a pesar de que las personas del este y del sur son históricamente hablantes de ruso, la mayoría de los cuales en su historia nunca usaron el ucraniano estándar en su vida cotidiana o en la escuela. Los dialectos locales del sur y el este de Ucrania están más cerca de los dialectos hablados al otro lado de la frontera en la Federación rusa (Rusia), que de los dialectos hablados en ucrania occidental y Ucrania en el céntral.

El punto es que, para avanzar, Ucrania necesita abrazar su doble identidad. Volviendo a lo que el legendario líder francés Charles De Gaulle escribió una vez que *"el patriotismo es cuando el amor a tu propio pueblo es lo primero; el nacionalismo, cuando el odio a personas que no son las tuyas es lo primero".*, nos resulta difícil estar de acuerdo en que Ucrania necesita más amor que odio, lo que tiende a un razonamiento ciego.

La esperanza debe ser que la tregua traiga consigo una sombría comprensión a todas las partes involucradas en el conflicto de que Ucrania necesita más patriotismo y menos nacionalismo. En una Ucrania patriótica, abrazar a todos los ucranianos y sus identidades, y tener en cuenta todas las aspiraciones, intereses y preocupaciones de todas las regiones del país, son lo correcto. La Nueva Ucrania no puede fundarse sobre la base de las estrechas opiniones de un lado o la supresión de las partes oriental y meridional del país.

Miércoles 7 de Octubre de 2015

Made in the USA
Middletown, DE
22 February 2022